윤병영 시집

너의 노래가 친근하다

들꽃누리

너의 노래가 친근하다

■ 책 쓰기의 글

시간이 흘러 하루 한날 지나며, 그 하루의 연속에서 하는 일 없이 먹고 잠자며 산다는 것이 삶의 허무가 되지 아니하게 무엇인가를 하여 본다.

"비록 내일 지구의 종말이 온다 하여도 나는 오늘 한 그루의 사과나무를 심겠다"

는 스피노자의 말처럼 항상 마음의 평화를 가지고 살겠다는 작은 마음으로 오늘도….

우리가 주위를 둘러보면 산, 들, 강, 바다로 둘러싸여 시간이 흐름에 따라 변화하는 자연은 우리를 탐하거나 시기하지 않으며 너그러이 순수하게 포용하지 않는가?

자연은 우리를 찬미하고 계절의 흐름에 따라 변화하는 자연을 동경하는 마음을 담아 보는 시점에서 쓴 것이다. 시간은 계속 흘러간다.

우리는 삶의 이 터전에서 서로가 보듬어주며 함께하는 삶 아닌가?

2020년 6월 여름에

윤병영

차 례

chapter 2 여름

chapter 3 가을

chapter 4 **겨울**

chapter 1 봄

난 초

춥다 하여 너를 살펴 보아주지 못했구나
돈아 솟아오르기 오죽하였겠느냐?
미안하구나 살피지 아니하여

다복하며 소복하게 봄기운 실었구나.
더 자라가며 늘어지지 마라.

울 밑의 한란

눈 속 밑 솟아 돋아 나온 새싹이
파릇하고 미끈 매끈 복스럽기도 하다.

여름에 촛대 되어 꽃을 피우니
어여쁘다 네 모습
그윽하고 감미(感美)로운 네 고운 빛

청청한 모습에 부드러운
고운 연분홍 빛
수줍다 못해 고고한 자태
수줍어 입 가려 하나?

봄

얼었던 대지는 풀리고
산천초목이 다시 시작하여
둘레는 푸른빛으로 새 생명을 채워 놓아

꽃들이 철 맞이하려 저희들대로
새싹을 수놓아 펼쳐 보이겠다.

저희들이 간직한 무궁한 기질을 보여
주려하여 활기찬 봄기운을 취하게 해

이 땅에 아름다운 꽃동산을 보이려 하려

이른 봄소식

몸을 감싸고 두껍게 목을 둘러
바람막이를 해야 할 때

밥상에 냉잇국이 봄소식을 전해 주네.
싱싱한 겉절이에도 봄이 담겨 있구나!

호미 끝 냉이 캐는 여인에서 봄을 찾는다.
냉이 씀바귀 바구니에 봄을 캐 담고 있다.

아지랑이 피어오르는 들녘에 봄이 일렁이다.
산골짜기 졸졸대며 흐르는 물에서

돼지를 긁어주다 보니

돼지울을 정리하여 짚을 깔아놓고
돼지를 울로 몰아넣어

상쾌해 보여 크게 자란 어미 수컷
옆구리를 긁어주니 의외 옆으로 비스듬히 기울어진

이것 봐라 세게 몇 차례 긁어주니 벌러덩
어구 시원해라! 우스꽝이다.
제 배 긁어주는 짓으로 아는가?

등가슴을 탁 쳤더니
'췍' 하며 일어선다.

우리의 봄은 어디서 오나?

울타리 들길 따라 산과 들 노랑 꽃잎
분홍 진달래꽃이 봄날 여인의 화신

노랑 저고리에 분홍치마 아가씨 몸매에서
혼신(渾身)의 상징 봄꽃 여인에서
그렇게 어울리게 봄 색깔을 피워 꽃 피우다.

그뿐인가?
늦게 피어나는 흰 살구꽃 붉은 복숭아
조촐한 여인상 어디에 비하리오?

섹시한 옷차림
흰 저고리 붉은 치마 한국인 현대 여인상
치마 끝자락에 봄이 피어나
몸매에 서려 봄은 담겨 있다.

흙과 대지(垈地)

흙이 무엇인가?
흙 단순히 흙

대지(垈地)와 흙 다르다.

대지(垈地)는 재물로
흙은 생의 터

농촌은 흙에서 숨 쉬는 곳
농촌을 흙바닥으로 본~다.

대대로 이어온 선대의 우리 생의 터
농촌이 대한민국의 오늘 뿌리!

맞장구

옛날 한 중년이가 울타리 좁은 길 옆을 지나가는데 사립문[1] 앞에 풀을 쑤어 내놓은 풀그릇을 발견했다.

그 중년이가 마침 배가 출출한데 다 그냥 지나가기에 구미가 당겨 풀을 먹었으면 하는 생각이 들어 주인에게 먹기를 청하니 허락을 해주었다. 중년이가 좀 먹고 있을 때 한 젊은이가 곁을 지나다 그 광경을 보고 "무엇 하는 거요?"라고 하자 중년이가 말했다. "풀이 속병에 좋다 하여 먹었소." 이 말을 들은 젊은이도 속병이 있기에 풀을 먹어 볼 생각에 쪼그리고 앉아 먹기를 한다. 그러자 중년이가 일어서며 말하기를 "나는 배가 고파서 먹었소. 풀이 속병에 도움이 된답니다" 하며 맞장구를 쳤다.

1) 삽짜리

권선징악(勸善懲惡)

돌려가며 일손 모아 농사 짓기

협동정신 두레의 정신
착한 것을 권하여 나쁜 짓을 경계하며
아끼고 이웃이 사촌이듯

농기구 연모 씀씀이 스스럼없이 빌려 쓰며 사는 곳
이니
문 잠그고 살아야 하는 오늘날!

도둑이란 모르고 살던 곳
농촌 선대에 뿌리 삶 터 흙이 있는 곳

터

터 둘레 범위 영역 경계선 안 자리잡은 범위

한 집안 고양이 개 서로 앙숙지간이다.
그런데 두 놈이 함께 같이 어울려서 지내면 조화의 융화이겠다.

개나 고양이 그들의 자리 영역 한계 침범은 허용하지 않으려 한다.
모든 동물의 생존 본능이겠다.

사람도 예외가 아니니
의회 운영 이처럼 화합 융화 어떠할까?

벽시계

시계는 매일 언제나 시각을 알려준다.
아침이나 점심이나 잠자는 시각까지

장 볼 시각 차 탈 시각 예약된 병원 시각
하루도 어김없이 알려주니
고맙고 기특하게 수고하는 시계

"벽시계 고장 타령"

적당히 운동하며 고운 마음씨
착한 마음 욕심 없이 해 끼치지 않은 생각

시계는 가야 한다!

4월의 참새 소리

화창한 4월 참새들의 짹짹짹 소리이다.
짝을 찾는 소리인가?
짝 짓기를 하자는 소리인가?

사랑을 나누어보자 하는 소리는 아닐 것이다.
때가 되었다는 소리
보금자리를 틀 준비를 서둘 자는 소리
새 생명 번식을 하려는 신호 소리이다.

삶에 생명을 이으려는 소리

4월의 배꽃[2)]

개나리 진달래꽃이 피고 지고 가면
이어 배꽃이 흰 꽃빛으로 온통 장관을 이룬다.

가까이서 보면 송이송이 하얀 꽃잎 속에
중매쟁이들이 먹이 찾아 날아든다.

멀찌감치 바라보면 화사한 듯하면서
눈꽃 송이 맺혀진 것 같다.

---

2) 이화에 월백(月白)하고 은한(銀漢)이 삼경인제
일지(一枝) 춘심을 자규야 알랴마는
다정도 병인양하여 잠못들어 하노라

사실만을 남긴다

흙은 말이 없고 대가를 바라지 않는다.
하라는 대로 따라 준다.

흙의 질이 여러 가지 알아야
농업이 과학이란 생각이다.
진주일 수 있으며 옥일 수도 있다.

진주를 캐려다 옥일 수 있고
견디며 기다려 가면 끈기 있게

열정에 외면 없이 거저는 없다.
흙은 거짓 없으며 사실만을 말한다.

새의 신호 소리

봄에는 짹짹짹짹이며 번식하려는 소리

늦가을 째째째째거리는 소리
추워져가는 찬 날씨가 걱정 되어서

지저귀는 소리
어린 것들이 추워진다고

학교 종소리

답답한 마음이기에 발길을 옮겨 뒤 밭으로 나가고 싶었다.

푸르게 펼쳐진 보리 송이는 통통히 여물어가고 줄기마다 내뻗은 잎사귀들에는 이슬방울이 영롱하여 구슬보다 더 맑은 것 같다. 그저 물끄러미 잎사귀 끝에 맺힌 밝은 옥 같은 방울 하나하나 바라볼 때 건너편 학교에서 때마침 땡땡땡 땡 땡 땡 들려오는 종소리는 선명하게 귀를 울린다.

등록금으로 나는 여기 서 있다. 답답하고 안타까워 이슬방울 바라보고 있는 순간이다.

눈가에는 이슬방울이 맺혀 보리밭에 나는 이곳에 있다. 계시지 않은 아버지 생각이 떠오른다. 뵙고 싶은 생각이 마음에 차 든다. 울음이 차올라 울어질 것 같다. 아버지 묘소를 떠올라 향하게 한다.

어머니가 보시면 아실까 마음을 돌려 잡았다.

얻 음

연구가 생산이며 끈기는 목표이다.
일이 삶이며 의미는 보람이라
상상력은 공간의 현상

지혜는 살 수 있으나 건강은 살 수 없다.
무사안일 가운데는 얻는 것이 없다.

동기는 변화의 바탕 진출
고난 역경에 좌절하는 자
지혜 없는 어리석은 자

베푸는 마음

권력을 누리는 자는 권력에 의해 무너지고
욕심 많은 탐욕자는 탐내다 손 볼 수도

없는 이는 살려고 노력함에 삶의 재미를…
긍지로 사는 사람

베푸는 이 고운 마음씨 세상을 밝게 하는 사람
베풀면 행복감을 얻는 것
빛을 내는 사람

어루어주다

오순도순 말 나눌 사람
오순도순 말할 상대

자기와 같이 마음을 건넬 수 있는 사람
편히 말할 사람 부담 없게 말할 상대

그래서 여자나 남자 한 잔 술에
몸부림치나보다 몸부림!
허공을 바라본다 허공

별들이 반짝이며 어루만져 준다
길이 있다고

그들의 삶

큰 비닐봉지에는 이상한 물품이
밥공기 주발이다.

어린 16살쯤 아가씨가 허리 굽혀 고개 숙여 인사에
내 놓는 것이 밥상이란 것을… 편치 않다.

무엇하는 이 어디로 가는지 딸과 두 사람이다.
묻기도 참담했다.
너무나 마음이 아픈 절박한 심정
헤아리기 힘든 지경!

보이는 것이 내놓은 것뿐
그것이 모두이다.

자가용이 그들 것인지 아닌지 알 수 없다.
그들 삶 아픔에 인간의 삶에 헤매게 한다.
가는 길 잘 되길 바라는 마음으로 빌고 싶다.

여행의 공항길

4시 반 새벽녘 잠들어 있을 즈음
가로등과 시내는 환히 밝힌 전등
공항길을 향하여 어둠을 뚫고 달려갈 때
건너편 팔팔 올림픽대로에 차들이 오간다.

냉랭한 찬바람이 스쳐도 그 기분 감정
어디에도 더할 가벼움에 차 공항이 그려진다.
20여 분 지나서 어느덧 왼쪽은 여의도 공원 오른쪽
은 민의정당 의사당이란 생각이 스친다.

시간은 훤히 밝혀지게 아침 무렵이 되다.
이야기하는 사이 벌써 인천공항에 다가갔다.
국제공항의 거대하고 웅장함이 자랑스러우며
쉴 사이 없이 연이어 들어오는 버스에 정신 없고
감회가 뿌듯하다.
공항서 가족과 함께 밥 사는 기분에
행복감을 어디에 비교하나?

산다는 게 별것인가

참신하게 신뢰하는 사랑이 기본이며
청소하며 젖병 든 젊은이가 건전한
참사랑을 말한다.

건전한 가정이 건전한 사회의 초석(礎石)
배려와 이해로 성숙하게
건강한 체력 건전한 정신

내려놓아야 얻음이다.
충돌일 경우 말하지 않는 것이 좋다.
차후에 자신의 견해를 전하는 것이 효과
그때를 피함이 좋을 때도

이해하며 존중으로 노력 속에 정이 솟다.
문화의 공감 속에 사랑이 흐르다.

우리를 감격시키는 일

털이범을 뒤쫓아 잡은 용감한 고교생!

전철 뛰어들어 구원한 의인
은행 강도를 결박시킨 용맹한 시민
음주 뺑소니를 잡은 시민
끼니를 대접하는 천사의 손길
추나 더우나 봉사에 나선 일손
장병 적십자 요원 기부 천사
메르스 코로나 치료 나선 의료진
헌혈 천사
불길 속의 생명 구출한 소방관
만능 해결사 119 국민의 영웅

chapter 2 여름

여 름

더위에 가벼운 옷차림에서 여름이다.

시원한 그늘 밑 자리갈이 부채질에
여름이 있다.
참외나 수박에서 여름 맛을 느끼곤 한다.

바다에서 즐거운 가족 물놀이가 삶의 의미겠다.
산 계곡 나무 아래 더위를 식히는 쉼터가 여름을 쫓다.

용광로에서 붉은 쇳물이 더위를 식히고
밭고랑 잡초와 싸우시는 할머니 어른들이
여름을 이겨 내 땀에서 찾으신다.

삶의 뿌리

우리의 농촌이 생활의 근원이며
언제나 농촌은 우리 삶의 원천
삶의 토양 뿌리이기도 하다.

아무리 공업 혜택 혁신적 생활변화
편리한 세상 최상의 소득 행복한 삶이라 한들

농산물 생의 원천이 그 안에 서려진 삶이다.
근원의 뿌리 자양분이 농촌의 숨결이라

농촌은 탐내거나 욕심내지 않는다.
삶의 진실을 흙에서 보여주니

언제나 순수하며 사람 사는 미덕이 자리잡고
훈훈한 온기
사람 사는 사람 내가 있는 곳

아까시꽃

아까시꽃 하얗게 핀 5월 중순

봄에서 여름으로 넘어가는 중턱에서
푸른 잎 흰꽃이 너울거려 춤춰 주니

꿀 냄새 단내 향기 발길을 멈춰 서게 하니
나뭇가지 꽃향기에 취하게 하네.

둘이서 말없이 웃음 지어 함께하니
그윽한 꽃향기에 젖어들어 눈길이 가네!

벌들이 제철 맞아 숨 돌릴 사이 없이 날아 드나드
니 바쁜 하루가 되다.

먹거리

농촌이 떠받치고 먹거리 생산이 고령 60~70세 아주머니 할머니 분들

허리 끌며 쩔뚝이며 말없이 흙에서 세월 빛 바래 가시며 숭고한 정신 헌신하시는 수고가 먹거리이니 우리 삶을 지켜주시는 거룩한 삶이시다.

할머니 아주머니 물리치료실 앞에 많이 앉아 계시니 나의 착각이다. 엄연한 현실 숭고함이다.

수고와 헌신이 아니었다면 이 농촌을 뉘 뒷받침하는가?

생을 다하시는 날까지

주름살에 못 박힌 손마디이…! 가여우시라

노쇠하시어도 언제나 가정과 자식을 바라보시는 그 같은 간절한 마음 아니신가?

갯벌에 삶

조개잡이 갯벌에 수많은 이야기

갯벌에 사연들이 삶의 터로 삼아 가며
진흙 속에 묻혀 있는 진주보다 더한 먹거리 찾아
오늘도 내일도 갯벌에 살다.

수많은 사연들이 갯벌에 묻혀 있다.

푸른 숲속에서

철새들이 푸른 숲들을 누비며
여름을 재촉이려 한다.

더워 가면 좋은 날엔 저희들 목청에
귀 아픈 경연장이 된다.
흐리며 비 내리는 날에는 멈춰 잠재운다.

어두움보다 양지를 좋아하는 것들이다.

뻐꾹뻐꾹거리며 나대는 소리에
꾀꼬리는 호롱호롱거리며 조용 조용을 당부한다.
농촌 여름에 상징의 소리!

머리 위를 날으며 뻐꾹하면 내 잘못이 있는가 하여
진다.

동경의 예찬

허리가 굽어 아픈 허리에
게다가 아픈 다리 절룩 절뚝 다닐지라도
참아~가며 일 해 낸들 누가 알리오

들밭 놓아 두어 지날 수 없는 일손
그것이 우리 삶 먹거리
생의 뒷받침 애절한 손길로
어디에 무엇을 찾아내시려 살펴 일을 하실까?

보기가 안타까워 가여워 보인다.
아픈 허리 다리 태워~ 가시며
거룩한 마음 동경[3]하시어라
생을 지켜 주시는 삶이시니
위대와 거룩함이 따로 있으려나

3) 같이 기뻐함

계절의 여신

자연의 모든 것들은 기온 차, 날씨 차이에 따라
생육이 달라지게 마련이다.

5월 초 새순 돋던 시기가 4월 말로 앞당겨졌다.

나무들은 새싹이 돋아 푸릇푸릇 잎들이 따뜻한 햇살에 곱게 분장한 여인상이 되어
계절의 여신 계절의 여왕

뽀얗게 은빛 푸르게 물들여 놓은 산들
소망의 계절

6 · 25

학교 길에도 학교에서도 조용하며 쓸쓸하다. 교단 오른 교장선생님 한동안 말없이 서 계시더니 한숨 지은 후… 전쟁이 나 공부할 수 없다

부모님 곁에 함께 몸조심 당부다.

며칠 후 마냥모[4] 끝나는 다음 날

새벽에(7월 2일) 포성이 피난길로 이고 업고 지고 쌀자루 솥단지 어디로 가나?

한 달 후 오는 길

참외밭은 주인을 애타게 기다리다 못해 창난 것들이 여기저기 뒹굴고 있다.

인적 없이 고요에 단내가 가득 찬 밭

큰길을 들어서니 포격 맞은 체대가 왜 그리 신나는지! 설레임과 반가움이 가슴을 두근거리게 한다.

---

4) 제철보다 늦게 내는 모

졸업식

졸업장 수여에 상장 우등 1년 개근에 6년 개근상 수여하는데 30여 분 걸리는 데 학교장 훈화 말씀이 시작된다. 끝나려 하나 보면 아직 더 당부 말씀이 남은 것 같다. 끝나려면 송사 답사 있다.

학교장 당부 끝날 무렵이 30여 분 시간이었을 것 같다. 축하 내빈이 줄지어 앉아 있다. 학교장이 축하 당부 한 마디 부탁한다. 그 분도 간절한 말씀이다.

또 한분 다음 한분 존엄한 위용 말씀.

어디쯤 가 끝날 것인가? 학교장이 미운가? 내빈이 무엇을 모르시나? 내빈도 한말씀 쏟아내고 싶은가? 모두가 한결같다. 옆에 앉은 친구가 긴 하품을 한다.

절반이 교단에 오르내리니 어깨와 목이 뻣뻣하다. 주물러 볼 수 없는 자리. 한 분이 거절이다. 이젠 했더니 다음 분 나선다.

이같이 몇 번 거듭해 절반이 넘었다.

한 분 다음에 사양한다. 반갑고 고마운 생각으로 무엇 아는 분인듯 생각이 든다. 무슨 말씀을 했는지 기억에 남는지 한다.

빛나는 졸업식이 이같이 끝났다.

삼척 동해 바다에서

강릉에서 점심 먹은 일행의 관광버스는 해안 따라 얼마간 남으로 이동했다. 바닷물 바로 곁에서 하차했다. 백여 미터 안 되는 거리에 고개바위 넘어가니 눈앞이 바로 갯벌 없는 푸른 바다 찰삭 대는 물결이 황해 갯벌과 동해의 깊은 물 차이다.

맑고 황량한 끝없는 수평선 펼쳐진 푸른 바다

이 같은 물이 미국 서해안까지 이어지겠지!

일본 너머 태평양을 그려본다.

잠시 후 구두 소리 내며 지난 이름 모를 여인

바위 아래 절벽 더 갈 수 없는 아찔한 낭떠러지

'위험하다 소리치고 싶은 감'

이삼 미터 바로 앞에 멈춰 섰다. 흰 블라우스 옅은 검정 정장 낮은 하이힐

검정 구두에 늘씬한 키

뒤서 보기에 30대 여인 같다. 바다를 바라본다. 감상하는 이로 보았다.

잠시 시간이 지나 돌아서지 않는 여인

바라보는 바다. '어~'

달리 보인다. 웬일인가 하는 생각이 들다.

하염없이 바라보는 바다! 힘없이 보이는 그녀. 아, 사연이 있는 여인! 무릎 굽혀 쪼그려 앉다. 왼팔로 귀밑 볼 얹은 채 머리 숙여 앞을 가까이 한다.

고민에 깊은 사연이 있는 여인이다. 다가가 조용히 말 건네고 싶은 심정이다. 정중히 위험 자리, 안위를 주고 싶었다. 부모가 돌아간 경우를 생각해 본다.

가정에 화난 일, 아이들 공부로 인해서 그런 일로 저쯤이나!

남편과 어찌해야 할 고민에 찬 생각

가슴 아픈 회한의 생각에 이별 고민?

"무엇을 하는 거야." 아내는 투덜댄다.

"잠깐! 시간이 다 되었어. 다들 갔어."

낭떠러지에 혼자 앉은 그녀를 뒤로 하여 큰 돌산 바위를 감아 비탈길을 내려오며 안타까운 고민에 쌓인 뒷모습이 왜 그리 무슨 사연에 고민하는가 궁금하다. 젊은 여인이 그처럼 고민에 괴로움이 애처롭게 보일 수가 없다.

무사하여 그녀의 앞날이 평안으로 괴로움 모든 번뇌가 사라져 마음에 평정이 회복되었으면 한다.

삼복중 김매기

참고(慘苦)의 시행의 겪음이다. 덥고 답답한 콩밭 고랑에 열기가 차오르다. 더위 풀 뙤약볕과 싸움에 시달리기이다. 어머니 하시는데 하는 생각이 든다.

육일째 계속이다.

마냥모 내다보니 늦어지는 일손이기에 어찌하리
점심밥보다 잠이 앞선다. 삶을 위해서 해야 할일

해가 져 집에 가는 길이 다리가 풀려 이곳 저곳 휘둘리는 것이다.

얻는 것이 인(忍)과 고(苦) 강인감(强忍感) 그리고 성취감(成就感)이겠다.

끝내어 돌아보아 그제야 알게 된다.
땀 흘린 보람에 해 낸 성취감에 뿌듯하다.

인천 앞바다에서

저 잔잔한 물 위에 배들이 보이는구나!
오는 배도 있지만 가는 배도 있다.
군함도 있으며 작약도가 들어온다.

반짝이는 물결 위에 물새들이 한가롭다.

날고 내리어 앉고 나래를 휘젓는 날개
반짝이는 물결은 은빛 찬란하며 잔잔히 고이 넓게 펼쳐져 평화로워지다.

아! 안위(安慰)를 주는 바다
저 멀리 물과 하늘이 이어져 맞닿아 있다.

사랑의 별

사랑은 별빛처럼 투명하게
별빛마다 사랑 담아 온 하늘을 반짝이듯
사랑이 별빛 되어 영원히 빛나게!

하늘에 별빛 사랑을 노래하네?
사랑을 담아서 사랑을 속삭이네.
영롱한 사랑빛 끝이 없이 사랑의 노래
사랑의 별 영원히 하나되어 사랑을 간직하리!

해변에서

해변을 걸어요.
모래사장 위를
혼자서 혼자서 걸어도

그렇게 걷다 보면 생각이 나는 대로
둘이서 걷고 싶으면 그런 대로

생각나는 대로
걷다 보면

연인 생각이 나면
연인을 만나요
연인의 손을 잡아

연인과 걷다 보면

연인과 함께 걷다 걷다 보면
연인 손을 맞잡고 걸어가다 보면

허리 맞잡고 걷고 싶으면 둘이서 둘이서
참과 진실만이 감돌게!

어깨동무 하고파지면 어깨동무로!
비열은 안돼요!

둘이서 입술 맞추고 싶으면 마음대로
할 수 있겠지

아름다운 사랑은 둘이서 몫

보리밥

여름에 껄끄러워 먹기 싫었던 보리밥이
점심을 지나 저녁 무렵 출출할 때
쩍쩍한 보리밥 한 덩이가
새콤한 김칫국에 말아 먹으면
꿀맛보다 한 수저 더 먹었으면 하였지!

어쩌다 밀것이 별식 맛이니
수제비도 그러하나 국수나 손칼국수가 그렇게 달가운 맛이 일까?

빵은 단맛에 그때 그 시절 없어 못 먹었고
약초 넣은 쑥개떡이 몸에 좋다 하며
헛헛한 배를 달래주다.

입 벌리며 죽어간다

살려 달라 입 벌리다 시들어간다
보았나요 보셨어요

버리지 말자 버리지 맙시다.
우리가 버린 스티로폼 비닐
바다에 떠다니는 오염물들이

바닷새 갈매기 먹이로 먹어
시들어 토하며 다 죽어간다

자유롭게 날고 놀 삶터를 빼앗은
살자리 앗아가게 버린 죄인이다.
살려 달라 입 벌리다 시들어간다.

꿈 꾸려는 자

우연이 없고 꿈을 가지려 할 때
알려는 사람이 더 많이 얻고 갖기에

구상(構想)이 완제품 되게
서둘지 아니하여 천천히

중도에 검토가 빈틈없기 위해
우연이란 없는 일
땀방울로 걷우어야!

공짜 어디에도 없으니

여름의 별 하늘

철썩 철썩 철썩
여름의 초저녁 밤

물두레[5] 퍼 올리는 물소리만이
밤이 이슥고 짙어간다.
고요에 농촌을 잠들게 한다.

하늘에 반짝이는 수많은 별들
북두칠성 북극성 카시오페이아
오리온 삼태성 남쪽 하늘의 전갈자리
별똥들이 찌~이 소리에 사라진다.

모 포기들이 아우성치다.
편히 잠드는 것 같다.

5) 용두레의 방언

뭉게구름

무더운 날씨는 먹구름을 불러모아
강풍을 띄워 몰려들어 번쩍 으르릉
번쩍 으르릉 번쩍 으으르 릉
호령치며 한바탕 쏟아부어 내리쳐
몰아치어 스쳐 지나간다.

주위는 산뜻하며 새 바람이 불어 가니 제법 살맛이 난다.

동녘 공중에 무지개 산뜻하게 나타나 뜬다.

남쪽 하늘에 솜털보다 더한 폭신폭신한 뭉게구름 솜 피어오르니 포근히 선녀들이 잠자고 있겠다.

고통의 나날

5월 초 집의 전정 나뭇가지를 미화원을 생각해 산으로 버리러 올라가다 산비탈 언덕 아래로 힘 없이 넘어지며 골짜기의 큰 나뭇가지에 부딪힌 충격이 엎친데 덮친 격으로 심한 통증이 지속되었다.

6월 말경 뜸을 뜨니 무릎관절이 시원한 감에 빨리 낫길 바라며 오른편 다리 관절 앓는 부위를 다 뜨고 다음 날 발등까지 뜨기를 했다. 여기에 몇 차례 뜨거운 핫팩(hot pack) 감아 싸기도 했다.

통증의원 물리치료사가 "아버님, 이 화상 놓아두면 면역력이 떨어지어 폐혈증 걸리면 죽어요" 한다. 아픈 통증에 긴장감이 들어 다음날 피부과에서 두 번째 치료하는 날. 의사 하는 말이 "나의 과가 아니다"라고 한다. 절뚝거리며 나와 택시를 타러 가는 바로 앞이 까맣게 보이는 거리 절뚝이며 아픔을 참으며 겨우 택시를 타고 정형외과를 가니 문이 잠겼다. 할 수 없이 응급실을 가기로 해 돌아서 응급실에 다다르니 토요일 마감 12시 30분경. 겨우 응급실에 들어가 기본 요

금에 거즈를 상처 부위에 붙여 붕대로 감아 주고 48,900원 카드 결재하려고 하는데 카드가 없다. 큰일 났다 싶은 생각에 비상용 5만 원 권을 주고 나서 택시를 타려니 걷기 걱정에 정신이 없어 우선 지급 정지시키는 것이 걱정이다. 참아가며 택시를 타려니 아픔과 지급 정지에 정신이 없었다. 급히 집에 가 지급 정지하려 은행 전화번호를 찾는데 어느 것이 해당 전화 번호인지 구분이 나타나지 않아 허둥대는데 전화 벨 소리가 난다. 보태어 주는가 싶었다. 전화를 받으니 아내가, 왜 아니 오는가 한다. 간다고 하며 지급 정지하기를 가까스로 마치고 나니 땀방울이 온몸에 흘러내린다.

3일 후 병원을 가려 다른 남방셔츠로 갈아입는데, 우연히 주머니에서 무엇이 만져지는 것 같았다. 이게 무엇이랴? 카드임을 알게 되자 정신이 번쩍 들며 반색 자책에 빠져 허망 허탈감에 그만 자리에 앉게 되었다. 힘이 없어지어 한 동안 앉아 있다 상기하여, 할 수 없지. 폐기 카드이다.

7월 중순 어느 날 소화는 아니 되어 불편을 느끼다 열 시쯤 침대에 엎드려 있다 잠이 들었다. 깨어 일어나 보니 온통 땀에 젖었다. 화장실 가려 지팡이 짚고 몇 발자국 걷다가 절절절 저림이 내려 주물러 주어야 한다. 아픔이 야속하다. 죽음이 떠오른다.

문턱을 용품 받침대를 잡고 넘어서는 순간 통증에 서럽고 야속하며 원망 있을 수 있을까? 모르는 사이 흐느껴지는 소리가 들린다. 이때 1시 반. 내가 나아서 걸어다닐 수 있을까? 벽에 매달리고 기대고 싶고 소리 내어 울고 싶은 심정이다. 생각 끝에 혈관 통증 주사 보험 안 되는 2만 원 주사 3번 4만 원 주사 2번 항생 주사 5번. 이제 통증 주사 6만 원 주사 맞기로 하고 척추 주사를 맞다 보니 너무나 아픈 오른쪽 다리가 아픔에 뒹굴 지경이라 모두 다 맞지 못 하고 말았다. 해소가 아니되어 그런 것 같다. 그런데 아내는 아파도 걸어야 한다고 한다. 맞는 소리이다. 100여 미터 거리를 아들 출근 차로 병의원에 가 소화제 처방 약을 사 걷는데, 걷다 쉬어 주물러 줘야 하고 길에 주저앉고 기어가고 싶은 생각이 든다. 그러나 걸어야 한다는 생각에 더 하든 간에 운동 삼아 집에 다가갔다. 화상 부위 연고 발라 치료하기가 일과이듯 지남이다.

어느 날 피부과에 네 번째. 7월 말 치료에 의사께서, 화상 피부 치료는 더 치료할 것이 없다며 안 신경계통에 의한 아픔이라 한다. 주사를 요청하였다. 화상 다리 부분이 아픈데 시름이었다.

피부과 김 간호사. 갈 때마다 정성스레 붕대를 감아 주고 바른 연고를 닦아 내고 약을 바른 후 붕대가 헤쳐지지 않도록 안전하게 감아 주며 안쓰럽게 살펴주니 고맙고 잊을 수 없다. 그리고 그 후 계속하여 소파를 잡아 허리 좌우 돌리기와 좀 앉는 듯하다가 일어나기, 지압을 틈틈이 하였다.

7월 말경 무릎관절 뜸자리에는 며칠 후에 호전되며 허리 아픔이 아래로 내려 다리 화상 부위 좋아져 가 그래도 붕대로 감아 둔 채 그대로 지났다. 그러던 중 알 수 없는 사이 걷기가 자연스러우며 허리에도 무리가 없게 되며 무릎 관절 뜸 뜨기 한 자리 통증과 발등이 점차 덜 아프며 부드러워져 간다. 그런 중 소화가 아니 되어 미음으로 4일 지나다 보니 할 수 없이 입원해야겠다는 생각이 든다. 결국 8월 9일 입원하러 가려 하는 날. 어느 정도 지팡이 없이 걷기를 할 수 있다는 생각이 들어 치료에 들어가(간병인 없는 병실) 병원의 도움을 받아 7일 후 퇴원하였다. 어느 정도 걸어 다닐 수 있게 되어 집에서 평온하게 안정을 취하며 요양을 하면서 걷게 되니 꿈만 같은 생각에, 또 한편으로는 허망한 가운데 의사 의료계에 깊은 감사를 하게 한다.

원두막

들녘 길가 참외밭에 원두막
띄엄띄엄 지어진 들녘의 파수막

걱정도 근심도 사라지는 한가한 쉼터
길 가던 길손이 피신하는 소나기
들바람 들러 잠재우는 원두막

쉴 사이 없이 일손이어야 살아가는 농경
원두막이 우리 곁에 사라진 지 오래되니
한가한 쉼터 참외맛도
아, 옛날의 원두막!

들녘 야생초

무거운 돌 틈 사이 새싹이 돋아나 있다.
그렇게 투박하며 거칠고 메마른 땅 위에
아무도 누구라 살피지 않았건만
세상에 이렇게 모질긴 생명력이 있으랴?

생명력의 위대함
짧디짧은 가는 마디에는 줄기찬 윤기
지나가 다니는 발바닥 밟히고 짓밟혀도
끊기지 않은 줄기 잎

모질긴 생명력 앞에
깊어지는 마음 그 경이로움

생명력의 신비에
감탄이 깊어지게만 한다.

한 란

조용하고 고고하여 그윽한 자태

맑고 고운 미색의 연분홍빛 차리임이
청순을 넘어 청정(淸靜)하다.

청조(淸操)라 깨끗함이 더하여 청아(淸雅)하니
너의 결백한 자태가 세상을 말하는구나?

순결하여라! 순결하라!
말없이 외치는 나팔 속에 보석 구슬 되어
청아하게 웃고 있구나!

바다가 좋아

수평선 바다 위 날으는 갈매기들이 우리를 부른다.
수많은 사람들이 펼쳐진 바다를 즐겨 찾는다.
넘실거리는 물결 위에 반짝이는 은방울 푸른 바다
바다가 좋아 시원한 바닷바람 사랑을 찾아서
둘이서 손 맞잡아 걷고 싶은 그곳에서 옛이야기
추억들로 영원한 사랑의 이야기를 나누어 보자!

chapter 3 가을

베짱이와 귀뚜라미

9월 되면 저녁 무렵 나뭇가지에
베 짜기가 시작된다.

찰각 찰각 녹색천 베 짜기가 바쁘다.
산뜻한 가냘픈 베틀 소리
이삼일 지나면 베틀에서 내려앉나 보다.

이후에 지나서 들리는 귀뚜라미는
벌써 초가을 어둠에 가을을 전한다.
찬 서릿발 생각나는 가을을 재촉한다.

바람에 나부끼는 수숫잎에 익는 낟알
드높은 하늘이 가을 같다.

가 을[6]

녹두 콩 멍석에서 튀어 나간 낟알들이 저 갈길 찾는다고 제멋대로 한다.

따뜻한 햇볕이 탱글탱글 영글게 하여
들녘에는 풍성한 금빛으로 뒤덮여
볏단에 탈곡 소리에서 가을이 짙어간다.

서릿발 낙엽들이 으스스 몸을 움츠리게 한다.

밤송이 밤알 사과 배 감이 수확을 기다리니
복된 오곡 대한이로다.

---

6) 밤 수확 늦었던 시기

'욱'하지 마라

순간에 순간을 순~간을 참기
가족을 떠올리는 순간이 되게…!

평소 마음을 다스리는 인성을 기르기 아닌가?

순간을 놓쳐 버려서야
마음 다스림 길러 보면
'욱'이 후회되지 않게

'욱'하여 내놓으려 하는 순간
인(忍)이다.

옛날 스승의 가르침

옛날 부모를 일찍 여읜 한 젊은이는 어느 날 이 나이까지 공부도 남달리 못하며 성장했는데 이제라도 나이 들어 공부를 하겠다고 마음먹어 이웃에 있는 서당 스승에게 찾아가, 늦었지만 지금이라도 공부를 해야 하겠다 말을 했다.

스승이 한참 있다가 그를 칭찬하며 인(忍)자를 쓰고 쓰고 또 쓰고 뜻을 생각하여 가며 익혀 나가게 하도록 가르쳐주었다. 젊은 청년은 가르쳐준 대로 인자를 쓰고 또 쓰면서 생각하여 가며 쓰기를 계속 익혀가며 지냈다. 그렇게 지나던 중 아내를 맞이하게 되어 결혼을 하며 잘 살아가게 되었다. 그러던 어느 날 일이 있어 집을 나서 일을 보려고 밖으로 나갔다.

일이 잘 되어 일을 마치고 나니 해가 질 무렵이 되어 늦게 집에 돌아가게 되어 기쁜 마음으로 집에 이르니 집이 이상히 조용했다. 집안으로 들어가니 아무 소리가 없어 웬일인가 싶어 방문을 열고서 들어가자 아내는 여느 남정네를 품고 잠이 들어 자고 있는 것이었다. 젊은이는 어이없고 기막혀 부엌에 들어가 식칼을 들어 잡아 방에 들어가 잠들어 있는 아내를 찌르려고 손을 들어 올리는 순간 스승이 가르쳐준 참을 忍자가 떠올랐다.

그래서 젊은이는 아내에게 영문을 묻기로 하고 자초지정 알아보기 위해 깨워 말을 하게 하였다. 그녀 역시 부모를 일찍 여읜 후 그 길로 절로 들어가 승려가 되어 공양하려 나왔는데 날이 저물어 하룻밤 자고 가기로 하였다. 이야기를 하던 끝에 언니라는 사실을 알게 되었고, 너무나 뜻밖에 언니를 만난 감격에 부둥켜안아 울다 잠들었던 거였다.

아름다움으로

좁고 옹졸한 곳에 소리가 쉽게 나거나 높을 수 있지 않을까?

말의 꼬리에 꼬리를 물어 묻어나기 시작하다보면
감정으로 이어지어 큰소리 날 수 있으니
그쯤 해서 여기서 뚝딱 자제 절제가 필요하다 본다.

부드러운 낮은 말 차분한 말
서로가 서로를 서로서로 생각하는 마음의 말
나지막하게 돌려 정감에서 생각하는
아름다운 마음

털어놓을 수 있는 상대

털어놓을 수 있는 상대
집에서나 회사 일자리, 직장에서
말할 사람이 있어야

가지고 있으며 품은 것 응어리 되면
병이 되어 뭉치게 하는 것보다
솔직하게 체면 자존 무엇이 중요한가요?
털어냅시다.

그러나 남편 아내 가장 가까운 사람

이산상봉

누구여! 오빠 엄마 아버지 할말을 잃는다.
통한 가슴 누가 주었나?
눈물이 앞선다. 모두 우리가 운다.

억장이 무너져 내리는 가슴
하염없이 내리는 뜨거운 눈물
긴 세월 너무나 허무하다.

우리는 왜 한 많은 세월이어야 하나

껴안아보고 보고 만져보아도
언제나 다름없이 옛날 그때 본 생각이….
반가움 회한 뒤범벅되어 꿈인가 생시인가!

모레는 언제 또다시 만나보려나
젖어진 손수건 손짓에 버스는 떠난다.
살아생전에 다시 만날 날 언제려나?

입 맛

아삭아삭 사각사각 배추김치 속에
새콤한 입맛이 살살 묻어나오니
맛 고소음에 입안을 녹여 나 준다.

새콤한 총각김치 스르르 슬 녹인다.

기름 둘러 부치고
데친 시금치 양념장 참깨 뿌려 조물조물

고추장 기름 쳐 비빔밥이면 넉넉한 마음이 뿌듯해
진다.

너의 노래가 친근하다

새들이 날아와 나뭇가지에 앉아
노래를 들려주다.

샛바람 소리에 마음이 밝아진다.
반갑고 고마움이 잠 깨움이다.

너희들은 모르지만 우리에게 좋은 이웃이 된다.

먹이 바구니 달아 놓아 주면 올 거지
계속 너희들 노래 들리어다오.

눈물의 여러 가지

직장 분통에 눈물은 사회적 대응 대책이다.

부모를 여읜 눈물은 마음의 눈물

자식을 잃은 눈물은 가슴에 묻는 눈물

사랑으로 헤어지는 이혼의 눈물이 없어야 한다.

어린이를 꾸짖어 눈물 흐르게 하면
부모의 사려 부족에 눈물

기쁨의 눈물은 행복의 눈물
이산의 눈물 피맺힌 눈물
사고 눈물이 탄식의 눈물
인과의 눈물이 되다.

귀먹은 가족

옛 한 마을에 온 가족이 귀를 먹은 가족이 있었다. 어느 날 장날이 되어 주인인 사람이 장을 보려고 장을 나갔다. 그런데 우연히 사돈을 만났는데 반가워서 "사돈, 장 보러 나왔어요" 반가이 인사를 했는데 귀를 먹었는지라 잘못 알아듣고 "저 사람은 나를 보면 고얀이 욕을 하여" 하면서 화를 내며 집으로 향하여 돌아섰다. 집을 들어서 대문을 넘어 화를 내며 그냥 그 사람은 나만 보면 공연스레 욕을 하여 하며 투덜대는 소리를 하니 때마침 일꾼이 장군을 지고 나가려던 차에 그 소리를 듣고 "내가 언제 이집 저집 돌아다니며 장맛이 어떻다 이렇다 흉을 보아댔다는 거요" 하며 화를 내는 것이다. 한데 이번에는 이 말을 들은 며느리가 부엌에서 나오면서 "아버님, 아침에 돌을 깨물으셔서 치아가 아프시어 장을 못 보시고 돌아오셨나요?" 한다. 한데 방에서 베틀에 앉아 베를 짜는 딸이 하는 소리가 "괜히 아버지는 그렇게 시간을 끌고 그래시어" 하는 것이다.

산모의 자애상

신비의 아름다운 숨결이 이보다 더함이 있겠는가?

세상에 태어났음을 알리는 아기의 첫 울음소리

가슴에 안긴 채 못 뜬 눈
입 벌리어 입맛 다시는 아기 모습

끙끙이며 젖 빨기에 아기의 숨찬 소리
엄마와 아기 교감의 존귀한 신비감
인간의 역사 신비의 존재를 품어 성스러운 자애상이다.

웃으며 사십시다

웃으면 편해요 웃으면 열려요.

웃으면 마음이 바뀌어 가벼워져요.
웃으면 보약 되고 건강이 복이 되다.

억지로 웃으래요.
웃으면 후련하다.

에 헤헤 헤헤헤 호호호 오 호호 아 하하하
어~어 허 허 더 크게 소리 높여
마음껏

잘하네요 잘해요 마음 가볍게요.
도둑이 달아나게 도둑이 겁나게!

추 석

온 나라 한국이 기쁨과 즐거움에 잠긴다.

각 교통기관마다 총 동원에 나선다.

승차장엔 귀향 귀경길을 재촉하는 이들

표를 예매하거나 들어서는 이 떠나는 사람

손에 든 꾸러미 가방 백 속에 주인을 기다리는 정에 마음이 들어 있다.

고향의 어머니와 가족들은 이때나 저때나….

차바퀴는 뒤로 돌아가고 마음은 고향에 가 있다.

반가움 기쁨이 가족의 화기애애에 하나가 된다.

여기가 자라며 또한 태어난 곳

은연중 세월의 무상이 엇그제였는데

일시라도 가족 만나 송편에서 정이 넘친다.

떠난 뒤 자리의 허전한 부모 마음 알랴.

명절증후군 다시 생각합시다

살고 있는 이 시대에 좋은 세상 삶입니다. 그러나 우리 부모 선조들이 무엇을 어떻게 해 살았는가?

당신은 체질 체력이 어떠하기를 바라며 원하십니까? 지난 과거사를 조명(照明)[7]하여 현재 미래 내다보려는 자세 어떤가 합니다. 나는 어디서 왔는가?

바꿔 생각하여 봅니다. 직접 가서 만나봐야 할 일은 오늘날 통신 하나로 해결할 수 있는 현실과 전 60년대 할 수 없는 당대의 현실 차이이지요. 즉 우리 부모 선대들의 삶이 생전에 전기 통신 TV 가전제품 없이 살았던 당시 생활실상을 그려보아 봅시다.

밤이면 석유(등유) 등잔불 시절. 절구나 절구공이 키 농기구에 삽 낫 괭이 쇠스랑 도리깨 농사 기구요.

식사에 음식이라 하면 겨울을 지나 봄이 여름이 다가올 때쯤이면 식량이 바닥나 이때가 보릿고개라 쌀이 떨어져 먹을 식량이 부족한 시기를 말하지요.

---

7) 밝히다.

고기란 생각할 수 없는 시대. 때문에 오늘의 영양 실상과 생각할 여지가 없는 생활이오.

의복엔 겨울 솜바지 저고리 여름 무명 광목으로 짓기한 중의적삼이었다. 버선, 양말은 누더기로 꿰매어 신었고, 신발은 고무신, 꿰어 신는 나무신, 나막신, 짚신을 신었어요.

할머니 어머니 어른들은 길쌈으로 일손 물 마르고 쉴 사이 없이 겨울밤이면 작은 사기 등잔 심지 석유 불꽃으로 밤 밝혀 지나는 시절. 때로는 코밑이 그을음에 검게 되기도 하는 삶이오. 머리로 등짐으로 이고 지고 하여 생활하시는 불평 없는 소박한 삶 인심 좋은 세상이오. 명절증후군 부추겨대는 소리에 속지 맙시다 생각이지요. 성냥 없어 소나무 얇게 깎아 유황물 찍어 말린 껍질을 밤 불 밝히는데 일종 플래시 대용으로 쓰였으며 때로는 유리 사각통 오름 내림 심지 등잔불 등불이었고 그때는 그때고 지금이야 다르잖아요?

백번 맞아요. 그러나 우리는 어디서 왔으며 선대의 삶을 알아서 그 후대가 정신의 넋 그 근본 뿌리의 정신 지주로 가치로 앞으로 견고한 토대로 굳건한 삶이 우리 정체성 아닌가 하는 선대 정신을 알며 이어 살아온 오늘날의 우리 자신에게서 의미를 찾아내며 나약

한 정신 떠나 보다 강건한 체력과 정신자세 아닌가 함이오.

자! 여러 가족 옷을 일일이 세탁하여 옷감을 궤매 입었을 뿐만 아니라 옷감 다듬기 위한 손질로 다듬이 홍두깨질 하였어요. 그것이 선대 삶의 일부 풍성함, 어디에 비할 수 없는 웃음소리, 우리 부모 생활·정신력이었을 것입니다.

바느질 솜 놓아 안팎 뒤집어 솜이 뭉치지 않도록 떠야 한다. 보통 1가구 6~7명 설을 기해서 식구들 것 세탁해 등잔불 밑에 손수 꿰매어 입었던 시절이라.

농사철이면 손발이 닳게 1년 농사에 김매기 모심기 논매기 가을에 궁굴통8) 탈곡 어렵고 힘들어도 피곤하기 얼마나 고생이었을까?

고귀한 넋 우리 선대 부모님이시다. 병원이나 의료시설이 이 시대 무슨 말이오. 옛말이라 부추기지 말 것이라 강인하지 않으면 그 무엇도 어떻게 하는가? 그래서 더 고난을 이겨내고 아픔을 이겨낸 강인한 체력을 갖추어지게 마련 아닌가요?

부지런해야 자기 몸도 치장하듯 계절 명절 모두 손두부 손 떡가루 방아 손 떡가래 생각할 수 없는 삶을

---

8) 탈곡기의 방언

살아온 부모 선조 모두 다 손수 해온 삶이 아닌가?

삶의 정신 힘의 원천! 알아야 할 필요가 무엇인가 하지 않은가요? 그러한 삶이었기에 오늘의 이 현실이 있음이겠지 않은가 합니다.

오늘같이 삶의 다양성, 생활환경, 식생활, 환경, 영양, 주거환경(가전생활 용품 편리함), 의료혜택 등이 미치지 않아 수명 단축일 수밖에 없었던 것이겠습니다.

우리 선대는 후대에 대한 강한 전통력을 생각하여 가며 농경문화 생활을 이루는 세대이었습니다.

오랜만에 만난 가족 반갑고 정이 흐르는 가족 간의 사랑 이야기, 웃음 피워 마음이 가볍게 가족이란 힘의 바탕, 사랑으로 감싸인 고우나 미우나 또 가족이란 관계라 마음을 나누고 풀고 보듬고, 우리 명절의 나눔에 만남 끈끈한 정감이 아니던가? 그것이 오늘같이 혼탁한 사회를 바로 하는 진정한 가치의 생명력으로 삼아야 하지 않겠습니까?

명절증후군 하지만 이때만이라도 온 가족이 함께하는 것이 얼마나 정겨운 모습인가요? 이 같은 생각이 가족 간 삶의 근원 아닌가요? 우리 삶의 관점에서 명절증후군 다시 생각해야 하겠습니다.

자식 애정

부모 '자식 이기는 장사 없다'. 부모 생각보다 자식이 우선 의미한다. 자식이 하려는 것은 자식에게 있는 몫. 자식 할일 부모 생각 몫일 수 없듯 '자식은 품안 자식' 독립된 인격체.

충과 효 속에 강요함이 함축되어 있다.

효사상(孝思想)은 마음속에 우러나 섬겨 아끼는 정신 감정이어야 할 마음(충은 다른 개념).

애(愛) 생각은 자연스러워야 하며 강요하다 보면 배타(排他)심이 발동할 수 있겠다.

'부모는 자식에게 간이라 빼주고' 싶을 정도.

부모의 '마음' 무엇이든 못 주어 안타까워하는 부모 마음이라 한다.

부자간 법적 다툼과는 본질이 다른 것.

사랑이 사랑으로 이어지는 부모의 사랑이 자식에게 돌려주는 윤회인 것 같다.

하나라도 더 챙겨 주고 싶은 부모 '심정'.

엄마를 알 것 같은 것이 자식을 낳아 알 것 같다.

코스모스

가냘프고 날씬한 키 어디에서나
바람이 불어 오고 불어 가는 대로

화사하고 곱게 차려 눈길을 끌게

멀리서나 다가서나 수수를 자랑하는
거짓을 모르는 그들만이 간직한
진실의 순정이어라.

언제나 밝은 얼굴로 맞아주며 너그러운 웃음으로 반겨주네.
안으로 강인하며 순결하여라.

홍콩 바다 고기잡이

멀리 떨어져 있는 배들이
띄엄띄엄 불빛을 밝히고 있다.

밤잠 뿌리치어 가며
고기잡이 배들인 것 같다.

바다 가운데 소리 없이 조용하며
고요가 마냥 쓸쓸하고 외롭게 보인다.

4층 호텔 객실에서 바라보니
어찌 보면 처량하기도 하고
한편으로는 삶의 노력이 활력이라는 생각이 든다.

새벽녘 일어나 내다보는 배에는 여전히 불빛을 밝히고 떠 있다.
저처럼 위험을 무릅써 가며 고기잡이가
그들만을 위함만이 아니니 모두의 위함이라.

만 추

바람에 날리는 긴 수숫잎들 속에
해님이 그려놓은 울긋불긋 점박이 그림을
해마다 그려놓아 추위를 부른다.

후루룩 소리 내어 수수하게 날리는 잎들이
익은 수수 알을 돋보이게 하네.

썰렁한 바람이 찬 서리를 찾는다.

오곡의 열매를 남기고 몸체는 어디로 사라진다.
떨어지는 잎 쏟아 내리는 수많은 잎들이
그윽하게 깊은 생각에 잠기게 하네!

기러기

찬바람 불 때 들깨 콩 마당질이 뽀얗게 마당 바닥을 다듬게 한다. 해는 넘어가 저녁 무렵 일손을 마치며 상쾌한 마음 연모를 챙길 때 하늘에 끼럭 끼럭 소리가 들린다. 기러기 소리를 상상하여 바라봤다.

V자 모양으로 길게 벌려 날고 있다. 앞선 것이 선창하면 뒤따른 것들이 끼럭 끼럭 복창한다.

앞에서 이끌고 뒤에서는 힘을 내 북돋우는 격려 소리 줄 대형은 그대로 지켜가며 나른다.

가을이면 어김없이 찾아드는 그들.

먼 데서 날아와 가는 곳이 어디인지?

그들은 앞에서나 뒤에서나 정연한 질서 체계를 그대로 지켜 날아간다. 허공에 감탄을 연상케 한다.

끼~럭 끼~럭 외침은 계속 되겠지!

책과 함께

울어 보아도 웃어 보아도
내가 왜 여기 있나

가진 것은 없는데 왜 나는

지난날 화려한 용궁보다 조용하구나.
책 읽을 여유가 그렇게 많구나!

편하게 여유 있게 책을 살펴보아

포비를 먹일 때

대문을 열고 현관 앞을 다가가니
포비가 문앞에서 두 발을 보이지 않게 긁어댄다.

반갑다 못해 끙끙인다.
밥 안 줄까 걱정이서인가?

그렇게 반가울까? 어찌할 줄 모른다.

제자리에 갔다 왔다 꼬리 치면서
반겨주는 행동이 천진난만하니
어디에서 찾아볼까!

온 식구가 공깃돌놀이이다.

고마운 소

아, 소. 고마운 소! 평화롭고 근면하며 관대(寬大)한 짐승 만물의 영장이라. 너에게 배울 바가 하도 많구나!

현재는 4차산업시대. 그러나 우리 선조들이 농경생활을 하며 생활용품을 주로 손길이 닳게 만들어 써가며 농사를 지어 살아가는 데 소 없이는 농사 지을 수가 없었던 삶. 그렇게 소가 소중한 삶의 역할을 했다.

지금도 강원도 산간 지역 경사가 심한 곳에 소로 밭갈이를 해야 할 것이다. "워"하면 서고 "이랴"하면 가는 덩치 큰 짐승이 하라는 대로 논갈이, 쓰리기, 땅을 파 엎어 일구는 밭갈이 일을 마다하지 않으며 생각할 수 없는 일을 다 불평 없이 묵묵히 해 준다.

달구지나 마차에 짐이나 볏단을 높이 싣고, 무겁게 짐을 싣던 비가 오나 눈이 오거나 바람 더위 추위 냇길 어디를 가든 그렇게 말없이 불평 한마디 없는 우리 사람의 곁에서 삶을 지켜 주던 소. 게다가 무거운 짐을 싣기 위해 소 발굽에 말과 같이 발굽 쇠를 힘지게 박는다.

지난날 우리 선조들의 영농 운송수단에서 소는 언제나 자만하거나 뽐내거나 투덜대지 않으며 어떤 대가도 바라지 않았다. 그러하니 평화롭고 근면하며 더욱이 사람에게 관대하지 않은가. 만물의 영장이라 하여도 항상 하라는 대로 따르는 지대한 영물 아닐까? 사람이 그 너그러운 천진난만함을 어찌 따르며 행하리오? 순박하면 바보라 한다. 과연 바보일까?

사람의 삶을 지켜주는 것을 넘어 너그러움에 비교할 곳이 없는 착한 자이다. 때로는 야단을 당해가며 재촉에 채찍질에도 원망하지 않는 데에 그 앞에 배울 바가 얼마나 많은가?

어떠한가? 헤아려 보게 하는 생각이지 않은가? 헐떡이는 가쁜 숨을 이어 갈 때 참으로 안쓰럽기 그지없이 가여운 생각이다.

세상에 이 같은 거인이 어디 있으랴. 타고난 성품이 인내의 관대가 넘쳐나 위대한 인간에 숭고하며 고마울 따름이다. 그러니 그 일하는 자태가 사람의 삶을 지켜준 삶에 숙연히 경의스럽고 배울 바이다. 선대의 삶이다.

그러나 오늘날을 생각하여 보면 전연 다르다. 들녘에서나 짐을 실어 나르는 어느 일소는 시대 변화에 따라 찾아볼 수 없이 울안에서 먹고 잠자며 뒹굴기에 일쑤이다.

게으름을 피우든지 잘 먹어 뒹굴든지 살찌기만을 기다리는 것이 주인의 바람이다. 비육우이다.

분명 다른 삶의 실체에서 생각하여 보아 지난날 일하는 소는 사람의 삶을 함께 살아가며 지켜준 관대한 짐승이다.

그러나 비육의 소는 한 세상 태어나 사람과 함께 더불어 경의 숭고한 존경 받을 소에 비하여 바라봄이 전연 다른 삶의 소이다.

신기한 콤바인

붕붕하며 네가 지나가면 볏짚만 깔려
북두기[9]까지 한번에 해내니

베어 깔아 놓아 말려 묶어
논두렁에 포게 쌓는 것까지
실어 들여 또 쌓아야 탈곡이 끝나는데

이 일손을 한번에 끝내 먹어 대니
신비의 일손이다.

9) 북데기의 충정도 방언

떠나는 그들

가을이 깊어 가며 으스스 스산하여 바람에 휘날리어 흩어지는 낙엽 소리에 창밖을 내다보며 고요히 적막감에 사로잡혀 들다.

저 나뭇잎들이 어디로 가는가?

흩어져 굴러가는 잎들 그 정취를 모르게 그렇게 생각에….

저들이 갈 곳을 생각하여 보며 그들이 어디로 가나! 가다가 멈추는 그 자리가 그들의 집이겠다.

일년 내내 할 일들을 다 하고 남기어 이 한해를 마무리하고 말없이 떠난다!

자연에서

자연 있는 그대로에서 보아

자연을 그대로 즐기고 감상하며

자연이 보여주어 나타나는 그대로

자연과 함께 살으려 한다.

도둑질 할 것인가?

한 마을에 40대 나이든 이는 책 읽기 소리를 낸다. 그런데 도둑이 들어갈 곳을 찾느라 이곳 저곳을 살피는데 방안에 소리가 빙빙 돈다. 빙빙 돈다. 들리는 것이다. 이상히 여겨 울타리를 살펴 뜯어내는데 이번에는 푸드득 푸드득 뜯는다. 푸드득 푸드득 뜯는다.

하도 이상하여 살금살금 방문에 다가가 문구멍을 통하여 방안을 들여다보려는데 갑자기 손가락으로 문구멍 찌르며 저 눈깔에….

도둑은 깜짝 놀라 정신을 잃어 눈이 붙어 있는지 숨도 못 쉬어 달아났다 한다.

황금물결

빛도 고아라 어쩌면 그렇게
금빛 황금물결이 출렁이고
바람이 스쳐 지나가자
인사하듯 반겨 손짓하네!

그 얼마나 너희들을 보려고
봄부터 땀과 수고를 너희들이 아느냐
대견하구나 고운 금빛 너울대니
온 바닥을 금빛으로 수를 놓았구나.

흙의 보람이 우리 삶의 토대이어
대대손손 이어온 이 땅의 우리들

부엉이 우는 밤

부엉이 우는 밤 추워지는 밤
추워지어 우느냐 어미를 찾느냐?
부엉 부엉

외로움을 달래려는 울음인가
어디서 있다가 이때쯤에 찾아
낙엽은 떨어져 잠들려 할 때

좋다 해도 그리 너무 구성진 소리로 우지 마라!
네가 울면 외로웁고 적막하여 쓸쓸해진다.

chapter 4 겨울

겨 울

눈이 내려 즐겁고 얼어 스키 썰매 지치니
겨울맛 기분이라

거리에 군밤 호떡이 제철에 제맛이겠다.
따끈한 국물, 한잔 술이 추위를 녹여주니
겨울이 이곳에 있다.

산타 할아버지 뉘 집을 찾나 소녀 가장인가?

빙판 위 조심조심
걷기도 조심조심 조심이 안전이라

쌓인 겨울 눈산 오르기
신선한 활력이 차오르고 겨울 맛이다.

눈이 오네

눈이 오네
눈이 내리네!

길 건너 들에도
산에도 사르르 내리네!
저 먼 산이 뿌옇게 보이네.

내리는 눈 속에 사연이 담겨
소리 없이 내리네!

음주 운전 필연인가?

낮밤 없이 음주측정 하는 경찰관
국민의 생명 재산 안전을 보호해 주는 은인이라 생각하는 고마운 경찰관이라 여기는 이 얼마나 될까?

몇 잔 술 운전대 '잡을 수 있다' '괜찮다'
그러고 나서 가버리면 무엇하는 짓인가

남까지 다치게 못할 짓 끼쳐가며 처참한 짓
처자는 어찌하라 저 먼저 가버리니?
자기 생명 내가 살펴야 한다.
모험할 이유가 필연인가?

악의 미역국

모든 어머니는 태어난 자식 위해

해산의 모유를 위한 미역국을 마시는 것은 한국의 풍습이다.

여느 어머니는 훌륭한 자손을 낳은 반면

개인 사회 국가에 이르기까지 법계를 흔들어 사회를 어질러 남의 생명을 앗아가 가정 화해 재산 정신 고통의 피해를 끼친 짓을 무엇으로 어찌 갚나?

그러니 미역국에서 남을 불행의 아픔의

악의 미역국의 자식을 낳은 어머니가 되니

선행을 못 해도 악의 미역국을 마신 어머니를 만들 것인가?

옥살이를 한들 무엇하랴

고통에 아픔을…?

평생 못 갚다.

엄마라는 이름으로

엄마 마음으로 보살펴가며
엄마의 마음에서 보듬어주며
엄마의 자리에서 다듬어주며
엄마의 이름에서 길잡이 되어
엄마의 자리에서 놓아주어야 해
엄마의 자리에서 바라봐야 한다.

내 음

옥수수튀김 옆을 지나다 보면
구수하고 달큼한 튀김 내가 흠뻑 풍긴다.
아저씨는 단내를 모르나보다 튀김에 바쁘다.
지나는 사람은 괜찮기도 한데

누린내 나는 곳에 소고기 돼지고기 닭고기
농촌에서 나온 것들

바다에서 나온 것들이 코를 찌른다.
명태 오징어 꽁치 생선들이 비린내를

약내 나는 곳 당귀가 판을 친다.
인삼은 조용한데
산간에서 이름 모를 약초 나물들이
우리를 기다린다.

시장 차이

정비된 진열대에 가지런히 놓여진
진열 된 상품

쾌적하고 깨끗함이 현광 전등 빛 아래에
더 광채가 어리어 상품에 호감을 끌게 한다.

도시의 특수성을 밝히게 한다.
차다 못해 냉기가 흐르듯 짜여진 현광
조명 편리하며 계산대의 자동화 처리

엄청나게 바뀐 세상
얼마나 더 달라지게 되려나?

전통 시장

진열대 없이 그릇에 담겨 놓여진 그대로
복잡하며 어수선하여도 사람 사는 온기 있는
전통에 옛맛 모습이 부드럽고 정감이 스며든 소박
한 시장이라.

구수하며 수수한 정이 감도는 뜨끈한 국물
무엇이나 찾아 마음 가는 대로
살피고 찾는 구수한 시장

평안하여 좋고 너그러우니 부드러워 좋다.
있는 그대로가 꾸밈없어 좋다.

모두의 눈길이

사람 사는 세상에서

마음을 보여주어
사람들이 내 모습을 알게 되든
시간과는 상관없이
사람들이 기억 되게

바라보는 눈길이
사람들의 눈길이 되게!

사계절

별 하늘 신비빛 내리비추니 푸른 산 맑은 물

민족의 정기되어 도도히 흐르고 뜨거운 대지 위에 푸른 꿈이 펼치도다.

구슬땀 낟알 되어 알알이 익어가니 이 나라 축복 받은 대한이로다.

유구한 역사와 민족의 숨결

하늘과 푸른 산 맑은 물 넓은 들 오곡 아침의 나라

눈부신 이상을 세계 속에서 더 빛나게 심자

봄 여름 가을 겨울 네 계절에

닭의 지각력

고요한 밤 푸드덕 날개를 치면
한바탕 울어대 날이 밝아 오고 새벽녘을 알린다.

다음에는 길게 뽑아 대며 울어 댄다.
꼭 꾜오 꺽꾜오… 새벽이오.
날이 밝아 오고 있어요, 일어나세요.[11)]

새벽녘에 정확히 울어 대니
호랑이 잡것들이 기겁을 한다 했다.

낮에 또래들과 함께 놀며 목 높이 치켜 올려 길게 뽑아 대는 녀석이 뽐내는 놈으로 보인다.

---

11) 기온 차에 따른 온도 조절인가 싶다.

영혼에서

영혼으로 다가가
영혼을 보여주고

영혼으로 감싸 영혼의 보호막이 되고 싶어
사랑 말도 사랑한다
말도 그만두고

진실과 참만이 영혼을
보여주어

속살 응어리

불만이 쌓이고 뭉쳐진 것이 속살
속살은 아픈 살

속살이 계속 지나 독이 될 수 있다.

속살의 독이 무엇으로 바뀔 수 있다.

속살은 사랑이겠다.

있을 만한 곳에

참과 진실 사랑은 있을 만한 곳에
아무런 곳에 있을 수 있으랴

세상 모든 것이 있을 만한 곳에 곳이 아니면
말 없이 모르게 사라질 수도

서로가 서로를 서로 알려는 작은 것부터

군것질로 달래다

마른 고구마맛이 달근 씁씁하여 고소운
맛이 긴 겨울밤 그 시절 간식거리로 즐겼다

배추꼬리 묻은 구덩이 손 불며 꺼내려
애쓰던 생각이 잊혀지지 않는다.

그것을 먹자고 송진 광솔불로 밝히면서

덜덜덜 떨면서 그래도 꺼내려 꺼내려 했다.
군것질로 출출함을 달래려는 지난 그 시절

그래도 그 시절 잊을 수 있나?

수 염

누가 나이 먹었다고 하지 않는가
그리 귀찮게 서둘러 대어 나올 일이 있나

깎아도 깎아도 하루가 멀다 하고 나와서
나 여기예요

달갑지 않게 덥수룩하게 왜 그리 극성부리려 드나
쓰다듬는 으흠~음 위엄 달가운 맛 어디까지인가?

철에 따라

고향 시골 뒤뜰 장독대 감나무
앞개울 둑 위에 늘어진 버드나무
논밭 푸른 들 꿈엔들 변화하리오
잊으리 있으리오
우리 산천 터전 한국이오
하얗게 장독대 눈 소복소복 용틀임 담장 따라
집 둘레를 감싸 돌아 안채이니
추녀 끝에 물방울 주렁주렁 고드름 늘어진
할아버지 할머니 사시던 옛집!
뛰놀던 고향의 정취 꿈에 보이는
살던 옛집 소꿉놀이 그 시절 아득한
어린 시절 엊그제 같었건만
설날 앞두어 엿 고으면 즐겼던 그 뜨거웠던 방 생각이 난다.
흰 가래떡 조청맛 이것이 우리의 옛맛
설빔 색동옷이 명절을 품겨[12] 주다.

---

12) 풍기다의 옛말

깊은 밤 멀리서

하늘이 구름층으로 뒤덮이어
어두운 밤 속에
뺑~웅 뽀오옹 은은한 밤하늘 울리어 온다.

밤은 깊어지어 고요함에 가득 차 무거움에 실린 밤
칙익치익 뿌웅 뽀~옹 기적 소리

평택역 4십리 길 어두운 밤하늘
적막한 밤에 애절한 소리로 울려 들리어오네.

깊은 밤 어디로 가나
밖에는 눈이 내리고 있네!

나막 신발

설날 앞 며칠 전
애타게 기다리던 고무신

일꾼이 드디어 장에서 왔다.
가슴 죄어 고무신 기다렸는데
나막신이다.
눈물을 꾹 참았다.

뒤꿈치가 벗어지어 상처에 더 신을 수가 없다.

마루 밑에 둥글린[13] 지 2~3년 후에
신어 보지 못한 나막신이 가여워 보인다.

---

13) 굴리다의 전라도 말

기 도

흐리고 찬바람은 나뭇가지를 뒤흔들어 댄다.

솜바지저고리 사이 바람이 스며드니 옷깃을 여미게 한다.

짙은 구름이 몰려와 지나가고 날씨는 변덕스럽게 시간이 지나간다.

나무하기를 재촉하는 싸라기 눈방울이 떨어지더니 함박눈이 세차게 부는 바람과 함께 퍼 붓는다.

무심코 마음은 허전하며 머리는 빈 것만 같다.

누워계신 아버님 생각에 마음이 무겁기만 하다.

여러 날 잡수시는 것 없이 그렇게 지나시니 어찌해야 하나 막막하다.

털고 일어나셔야 할 텐데… 간절한 마음

날리던 눈은 함박눈으로 계속 쏟아져 내린다.

귀 손끝이 아리어 손가락을 입에 대고 불어본다.

낫을 내려놓아 두손 모아 기도를 해 본다.

아무것도 못 잡수신 채 누워 계시니 돌아가시면 어찌하나? 마음 가슴으로 간절한 기도를 올려본다.

산 사시어 그렇게 좋아하셨던 생각 떠오른다.

비어진 머리 아무 생각 그저 멍하니 하늘만 높이 바라보기만 하게 된다. 눈가가 촉촉하여졌다.

위에서 나무하던 여동생이 오빠 하는 소리에 움츠리려 했다.

얼마 있지 않아 눈바람이 또다시 내린다.

이른 새벽에

새벽 무렵에 건너 마을에서 요란하게 개 짖는 소리가 들려오다.

무슨 일이 일어났나?
소리 들으려 숨죽여 귀를 기울였으나
아무 소리가 없어 다행스러웠다.

새벽녘 지나가는 행인이 있었나?

고사(告辭)에서

잘 가노라 닫지 말며 못가노라 쉬지 말라.
가다가 중지 곧 하면 아니 간만 못 하노라

잘 간다 하여 서두르거나 달리지 말 것이며
못 간다 하여 태만하거나 쉬지 말라.

시작하여 행하다 중단을 바로 하면
아니 시작하는 것만 못한 것이니

윷놀이

막동무니[14]에 모를 하면 앞의 말에 꺾이어
들어가면 해볼 만할 텐데 도드락 도가 났다.

이제 졌다 저쪽이 가운데 방이면 끝난다.
방이지 못 했다.
우리 편이다 환성이 터졌다.
백도다 메기며 끝나는 윷이다.

14) 막동의 방언. 윷놀이에서 넷째로 쓴 말

세상을 찾는 이들

나는 과학을 모르나
과학을 알면 세상을 알고
과학을 알면 세상이 보일 것 같다.

과학에는 이유 원리의 상호 작용
그것을 찾으려 머리가 희다.
연구하는 이들이 대우가 되어야

이들을 대접하는 세상이어야 한다는 생각이다.
원리와 함께하는 사람들이라 거짓을 모르는 사람이라 생각한다.

간절한 고마움

일사 후퇴 50년 늦은 겨울철. 가평에서 피난 나온 한 가족에는 노모와 내외 15살 되는 아들 네 식구인 이들은 하룻밤을 쉬고 가겠다 청하는 것이다. 그리하여 해가 다 가고 사랑채에 쉬도록 하였다.

다음 날 떠날 쯤 되었으나 가지를 않아 가겠지 하였으나 점심을 지나 연세 많으신 노모를 생각하여 내일 가려나 그렇게 생각하였다. 다음날 여전히 떠나지 않고 있는 것이다. 또, 가겠지 하는 생각이었다.

그러나 그것이 아니라 떠날 생각을 아예 하지 않았다. 그들의 절박한 생활이, 어려움이 얼마나 걱정일까? 그대로 불편하더라도 머물게 하여 소죽을 쑤어 주니 방 문제는 그런대로 지날 수 있겠으나 반찬은 간장 고추장 된장 김치 장간을 주며 이웃의 도움을 받기도 했던 것이다.

그러자 얼마간 후에 쌀 서너 말을 꾸어 달라며 차후에 갚겠다는 것이다. 할 수 없이 서 말을 주니 이 쌀을 어찌 했는지 알 수 없었다. 며칠을 지나 무엇인가 사오고 다음 날 나갔다 오며 이처럼 반복을 하며 하루를 쉬며 지나가 쌀값을 가져왔다.

하루는 장호원에 가 둘이 네다섯 말 사 가지고 와 다음 날 오산장에 가서 팔아 생활이 안정되게 지나게 되며 동네 한 사람과 같이 고된 반복 일을 하여 나갔다. 그리하여 나도 경험 삼아 하루 그들을 따라 나서 점심을 굶어 가며 사십 리 길을 걸어 어느 마을에 이르니 해는 거의 넘어갈 쯤이 되며 사랑채가 덩그런 집에 냉방이라 거절하는 데 겨우 허락을 받아 묵게 되었으나 밥이 없다 하는 것이다. 3월 말경이라 하루 지낼 것 같았다. 그러자 얼마 간 있어 밥 한 그릇 무김칫국을 내주었다. 참 고마운 아주머니라는 생각이 번쩍 들었다.

네 사람이 몇 숟가락 뜨니 바닥이 얼마 남지 않았다. 더 먹기가 그러하여 뜨기를 그만 손을 놓으려 하니 들기를 권하여 집에 가서 잘 대하여 주어야지 하는 생각이 들어 몇 숟가락으로 미리 손 놓았다.

놓을 쌀이 없다 하여 빈 손 그대로 돌아오게 되어 돌아오며 잘된 것인가 다시 생각하지 않았다. 그들이 계속해 갔다. 하룻밤 잠재워 준 한 그릇 밥에 감사를 잊을 수 없다.

초로(草露)

공수래 공수거(空手來 空手去)

빈손으로 왔다가 빈손으로 가다

인생사 여부운(人生事 如浮雲)

사람의 삶이란 떠 있는 떠가는 구름 같고

인생후 산첩첩(人生後 山疊疊)

사람이 세상을 떠나서 산 첩첩 속에

성분토 월황혼(成墳土 月黃魂)

봉분 흙이 쌓여 이루어 봉분 위에 달빛만이 고요히 잠든 영혼을 비추어 주네!

동창이 밝았느냐[15]

동창(東窓)이 밝았느냐 노고지리[16] 우지진다.
소치는 아희들은 상기 아니 일었느냐
재[17] 너머 사래[18] 긴 밭을 언제 갈려 하나니

우리 민족화합 언제 하려 하는가?

---

15) 남구만 고시조
16) 종달새
17) 산
18) 밭이랑

아내에게 바치는 마음

내 마음속을 보여주리
아내가 아픈 것을 내 아픔으로
이마에 따뜻한 수건
피로에 지친 팔다리 마사지로!
아이들 돌봄을 함께하며
모든 할일을 서로 합의해서
작은 것 설마 설령 자기 생각일 뿐

사랑이 꽃 바치기인가요?
수고했어, 사랑한다 말 한 마디.
한눈팔다 불화로 가정이 흔들릴 것인가?

시댁 처가 공평에서 능력으로
자녀교육이 아내 존중에 있다.

선조의 그릇된 사조(思潮)

남존여비(男尊女卑) 사상
여자는 부정하다 고사에 출입을 금하며
시집이란 굴레가 사람 설고 물 설고 산 설은데
귀머거리 삼 년 벙어리 삼 년
여자에 대한 그릇된 인간적 사조(思潮)
가혹하게 비천시(卑賤視)했다.

세태가 그렇게 살아가는 것이라는 삶
시어미란 존재가 며느리를 족쇄[19]로 해야

그 같은 생활이 도덕적 기준 가치(價値)인 듯
눈물 애처로움을 덕이라 생각한 삶을
비정이라 생각지 아니했는가?

19) 죄인 발목에 채우던 쇠사슬

눈길에서 소녀와 우체부

집배원은 눈길을 질러가려 산등성이를 넘어가려다
역시 질러가려던 소녀를 만났다.

억척같이 쏟아져 내리는 눈이 무릎까지 차오르고
추위의 눈밭 길 헤쳐 갈 길이 오고 갈 수 없는 지경
눈 속의 소녀는 기력 잃어 갈 수 없었다.

집배원이 윗옷으로 소녀를 덮어 싸아 주고
산의 눈 속에서 따뜻한 체온을 주려 안고 그렇게 잠들어갔다.

시대성

지난날을 성찰로 돌아보아
현재를 시대적 과제에 정립하여
미래를 내다본다.

과거 없이 현재 없으며
과거를 돌아보아 현재를 알아
미래의 시대적 과제를 지향(志向)해야 한다.

너의 노래가 친근하다

처음 박은날 : 2020년 7월 20일
처음 펴낸날 : 2020년 7월 30일

지은이 · 윤병영
펴낸이 · 김영식
펴낸곳 · 들꽃누리

서울특별시 광진구 뚝섬로 52마길 50-4 1층(자양동)
전화 (02)455-6365 · 팩스 (02)455-6366
등록 · 제 1-2508호

E-mail : draba21@naver.com
ISBN 978-89-90286-47-5 값은 표지에 있습니다.